DE
L'EXORCISME;

AV ROY
TRES-CHRESTIEN
LOVIS LE IVSTE.

M. DC. XIX.

VII

D

3o114

DE L'EXORCISME,

AV ROY TRES-CHRESTIEN
LOVIS LE IVSTE.

IRE,

Ie m'eſtimerois & me iugerois moy-meſme le plus ingrat homme du monde enuers Dieu, ſi ie manquois de recongnoiſtre publiquement les graces que i'ay receu de ſa Diuine Majeſté par la voye de l'Exorciſme, qui eſt le ſeul remede eſtably dans l'Egliſe Catholique, Apoſtolique & Romaine, contre les charmes & malefices de la

A ij

magie, qui font maintenant aufli frequents parmy les Chreftiens, comme ils ont efté de tout temps parmy les Barbares & Infidels.

Car ie me perfuade qu'il n'y a rien de plus agreable à Dieu que la recognoiffance publique, que les hommes font, d'auoir receu des graces & des faueurs de fa grandeur; c'eft le moyen de l'induire & le prouoquer à côtinuer, & en faire dauantage.

Cefte recognoiffance publique fert aufli grandement au prochain, parce qu'il eft conuié par là de faire le femblable, & de fe feruir des mefmes remedes, quand il eft attaint du mefme mal.

Chacun fçait, & ie ne le fçaurois cacher quand ie le voudrois, que le dernier iour d'Auril de l'an 1611. le mefme iour & à la mefme heure que le Prince de magie, Meffire Louïs Gaufredy, Curé de Marfeille, fut exterminé par la force de l'Exorcifme, & bruflé par

authorité de la Iustice, dans la ville
d'Aix en Prouence, ie fus attaqué par
vne fiéure la plus chaude & la plus fu-
rieuse que l'on sçauroit imaginer, qui
me transporta au delà des actions ordinaires, & iusques aux extraordinaires :
entre lesquelles celle-là ne fut pas la
moindre que d'aller parmy les ruës de
Paris, voire dans la grande Eglise de
noſtre Dame, criant à haute voix, que
le monde s'amendaſt, & qu'il finiroit
dans quarante ans, le vingt & vnieſme
iour de Mars de l'an 1651. s'il ne faiſoit penitéce, cóme firent les Niniuites:
que l'Antechriſt eſtoit né, quelques
mois auparauant, & qu'il se manife-
ſteroit en l'an 1618. auſſi toſt qu'il au-
roit attaint l'aage de ſept ans, & beaucoup d'autres choſes à la ſuitte, qu'il
n'eſt pas beſoin de mettre en lumiere.

Mais peu de gens sçauent que ceſte
furieuſe maladie procedoit des effects

de la magie, qui m'euſt fait indubita-
blement perir, ſi le S. Eſprit (condu-
cteur de l'Egliſe)ne ſe fut rendu mon
protecteur par la voye de l'Exorciſme,
à laquelle il m'inſpira d'auoir recours,
au lieu de prendre les remedes que la
magie fournit ordinairement à ceux
qui meſpriſent l'Exorciſme.

Au contraire, pluſieurs croyent qu'il
n'y a rien eu par deſſus les effects de la
nature, & que le grand nombre des
affaires qui m'occupoient lors, & les
grands deſplaiſirs que mó eſprit auoit
ſouffert de ce qu'ils n'eſtoiét pas reüſſis
à mon aduantage, l'auroient ietté dans
ceſte furieuſe maladie. Voyla pourquoy, SIRE, i'ay creu qu'il ne ſeroit pas
mal à propos d'en faire ſçauoir la verité
à voſtre Majeſté, & la mettre à iour.

Il eſt vray que le trop grand nombre
de grandes affaires m'auoit donné de
grandes trauerſes, & que cela ſeul euſt

suffit pour accabler mon esprit, quand il eust esté le plus fort esprit du móde, si le S. Esprit eust negligé de me conseruer : mais pour comble d'afflictions la magie s'est efforcee de tout son pouuoir de me terrasser, & n'y a rien obmis de ses artifices, d'autant plus puissans pour me perdre, que la nature estoit d'ailleurs grandement affoiblie par le trop grand trauail & par les trop gráds desplaisirs que i'auois soufferts : & c'est l'ordinaire du diable de se ietter à corps perdu sur les affligez pour les mettre en desespoir.

Incontinent apres le deceds du feu Roy Henry le Grand vostre pere, que Dieu absolve, ie me rangeay pres de ce grand sorcier Conchino Conchiny, grand Mareschal des logis de l'Antechrist, ne sçachant pas que la magie fut son principal exercice, ny la sorcellerie son principal mestier ; croyant

que par sa faueur, & par son assistance,
ie restablirois la fortune que i'auois
perdu par le deceds de ce grand Prince, & sortirois des affaires qui m'auoiét
doné tant de desplaisirs: Ceux qui l'ap-
prochoient lors sçauent aussi bien que
moy, que ie fus le premier employé
pour l'establissement de sa grandeur &
de sa fortune : par mes aduis, par mes
conseils, & par ma conduite, il fut fait
Marquis d'Ancre, Lieutenant general
pour le Roy en Picardie, & Gouuer-
neur de Peronne, Mondidier, & Royé.

Mais tout aussi tost ce miserable sorcier, sans attendre l'euenement & la fin
de plusieurs autres grands affaires où
il m'auoit employé, & qui s'en alloient
esclorre à son aduantage, me fit present d'vn plat de son mestier pour ma
recompence, il tasta le poulce à mon
cœur & à mon ame, & pour me rendre
compagnon de sa misere future (cóme

eſt celuy qui print ma place aupres de luy apres mon deſaſtre,)me voulut rendre compagnon de ſa fortune,il s'offrit de rendre ma códition eſgalle à la ſiéne, ſelon les termes de ma profeſſion. A quoy n'ayant pas trouué de reſponce conforme à ſes deſirs, il ietta toute ſa rage & toute la force de ſes charmes pour m'accabler,ou pour me contraindre d'eſpouſer ſa volóté,afin de m'oſter les moyens de l'accuſer, du moins afin de rendre mon accuſation ſans fruict.

De ſorte que ie fus ſoudain obſedé par le démon de ce grand miniſtre de l'Antechriſt, qui n'a point trouué les armes du S. Eſprit, qui ſont les Exorciſmes, moins fortes pour me deffendre,que celles de l'Antechriſt,qui ſont les charmes puiſſantes pour m'attaquer:ſa fin a rendu teſmoignage de ſa vie, & ſa vie a fait preuoir aux ſages ſa miſerable fin : & toutes deux enſemble ont fait voir à tout le monde, & principalemét à ceux qui l'ont approché, & de qui il s'eft luy-mefme approché, qu'il eftoit vn grand forcier, voire le plus grand d'entre tous les forciers qui ayent iamais efté au monde,&qu'il n'y auoit autre chofe à profiter auec luy & aupres de luy que ce que l'on retire ordinairement de la fuitte & frequentation des forciers.

Cefte obfeffion n'a duré ny plus ny moins que la grandeur de ce forcier, fept ans entiers ; car ie n'ay iamais fceu trouuer la fin de mes miferes, finon dans fa fin malheureufe, la victoire, finon dans fa cheute,& le reftabliffemét de ma petite fortune, finon dans la ruine de fa grande fortune.

Mais à qui fuis-ie obligé d'en rendre grace, apres Dieu, qui m'a creé, à la Vierge qui m'a protegé,au S.Efprit qui m'a aydé,finó à voftre Majefté,S I R E?

laquelle fans y fonger m'a vangé de ce
deſloyal forcier, lequel ie n'accuſe pas
apres ſa mort, ie l'ay accuſé de ſon vi-
uant, en parlant à luy-meſme d'autant
plus aſſeurémét que ſa propre femme
l'auoit accuſé auparauant en parlant
à moy-meſme.

Voyla pourquoy, SIRE, ie m'a-
dreſſe a voſtre Majeſté, pour l'en re-
mercier, comme ie fais de tout mon
cœur, auec toutes les proteſtations de
fidelité que voſtre Majeſté ſçauroit
deſirer de moy, qui ſuis le moindre de
ſes officiers, ne luy ſouhaittant rien
moins que ce que la grandeur de ſon
courage, & la recompenſe d'vn tel acte
luy ont adiugé, qui eſt la Monarchie
vniuerſelle de tout le monde, ſouz le
regne de noſtre Sauueur & Redépteur
IeſusChriſt, que ce malheureux a touſ-
ſours meſpriſé, comme vn grand ſor-
cier, duquel i'ay veu la fin auſſi toſt que

par l'inspiration du S. Esprit le iour du Védredy sainct vingt-quatriesme iour de mars de l'an 1617. i'ay accomply le vœu que i'auois fait durant ma maladie, de fonder (comme i'ay fondé dás l'Eglise de mon village de Chiremont en Picardie) vne chappelle à l'honneur de Dieu & de la sacrée Vierge Marie, pour d'oresnauant, souz l'authorité de Monseigneur le reuerendissime Euesque d'Amiens, & moyennant l'assistance du sainct Esprit, y faire deslier (par l'authorité de l'Eglise, Espouse de Iesus-Christ, & par la force de l'Exorcisme) tous les charmes & malefices qui seront faicts par les supposts & ministres de la Magie.

Et d'autant que les souhaits sont inutils, si les effects ne s'en ensuiuent, ie veux d'oresnauant employer tout le peu d'esprit & de iugement que Dieu m'a donné, & que le S. Esprit m'a con-

serué, pour les faire reüssir, en recon-
gnoissance de la grace que i'ay receu de
vostre Majesté par ce coup si fauorable
à ma liberté.

Doncques ie vous diray, que pour
vous exalter facilement, & vous rendre
Monarque de tout le monde infailli-
blement, il vous faut humilier enuers
Dieu, & receuoir les conseils & inspira-
tions de son S. Esprit, qui vous côduit:
vous auez des-ja fort bien commencé,
car vous auez humilié & fait humilier
enuers nostre Sauueur & Redempteur
Iesus-Christ, tous les plus Grâds de vostre Royaume, & depuis six sepmaines en vostre consideration, & pour
vostre seul respect, le grand Seigneur
de Turquie s'est pareillement humilié enuers Iesus-Christ, par sa declara-
tion du mois de Septembre dernier,
en accordant aux Chrestiens le passa-
ge libre au sainct Sepulchre, sans payer
le tribut qu'il auoit accoustumé de

prendre:mais il eſt neceſſaire que vous vous humiliez vous-meſmes à voſtre tour, ſi vous voulez eſviter que Dieu, qui ſeul vous peut humilier, ne vous humilie luy-meſme, car le iour du Seigneur approche.

Pour vous humilier, & en vous humiliant obliger le ſainct Eſprit de vous exalter par-deſſus tous les Roys de la terre, & de faire prolonger la vie du monde, aage maintenát de ſix mil ans ou enuiron, qui ſemble eſtre ſa durée, repreſentee par les ſix iours de ſa creation, il faut que vous faſſiez tout le cótraire de ce que les mondains chantent ordïnairemét à vos aureilles, que voſtre Couronne releue immediatement du Ciel,& qu'il n'y a puiſſance en terre de qui elle depende,bien que cela ſoit veritable.

Parce qu'il faut toſt ou tard, qu'en deſpit de tous les diables, & de ſes mi-

niftres les magiciés, forciers, politiques
& atheiftes, la foy de l'Eglife Catholique, Apoftolique & Romaine, com-
mande par tout le monde, & que noftre Sauueur & Redempteur Iefus-
Chrift foit fait feul Prince temporel &
fpirituel fur toute la terre, auant la fin
du Monde, & lors il n'y aura qu'vn feul
Dieu recogneu, vn feul Roy (qui fera
Iefus-Chrift)vne feule Foy, & vne feule
Loy.

Il faut donques pour vous humilier,
que vous quittiez de bonne heure, du
moins que vous faffiez folennellemét
le veu de quitter la qualité de Roy
Tres-Chreftien, auffi toft que vous
ferez Monarque vniuerfel de tout le
monde, à noftre Sauueur & Redempteur Iefus-Chrift, afin que d'orefna-
uant il foit qualifié Roy de France &
de Iudee, Monarque vniuerfel du ciel
& de la terre, & vous declarer feulemét

son grand Cóneſtable en France, conduit par le S. Eſprit, afin que voſtre humilité l'oblige de prolonger la vie du Monde, cóme celle du bon Roy Ezechias l'obligea de prolonger la vie de ſon peuple; & auſſi afin qu'il vous exalte pardeſſus tous les autres Roys, Ducs & Princes ſouuerains de la terre, leſquels à voſtre exemple s'humilieront, & quitteront pareillement la qualité de Roy, & leurs Souuerainetez aux pieds de la Croix, pour s'aſſujettir d'oreſnauant à la Monarchie vniuerſelle de Ieſus-Chriſt, qui ſelon mon iugement veut auoir ſon tour & ſon iour pour regner ſur les hommes, iour qui pourroit bien eſtre de mil ans: car vn iour, deuant Dieu le Pere, ſignifie mil ans: Et comme les ſix iours de la creation nous ont ſignifié que le monde dureroit ſix mil ans, auſſi le iour que Dieu prit ſon repos apres la creation du

du Monde, pourroit-il bien fignifier
que le regne de Iefus-Chrift fera de
mil ans, regne que les gens de bien
doiuent fouhaitter auec impatiéce, car
ils verrót les bons prefider fur les mefchans, au lieu que depuis fix mil ans ils
ont le plus fouuent veu le contraire: la
Iuftice fera rendue felon fes termes
equitablement, les vertueux ferót fuf-
fifamment recompenfez, les mefchans
amplement chaftiez felon leur demerites.

Et c'eft à mon aduis, ce que nous vouloit fignifier cefte eftoile qui paruft en
plain iour, peu de temps apres que
voftre Majefté eft entré en regne, que
quelques Mathematiciés ont dit eftre
la mefme eftoille qui parut lors de la
naiffáce de Iefus-Chrift, bien que peut-
eftre ce ne foit pas la mefme eftoille: &
c'eft encores ce que nous veut fignifier
(felon mon iugement) la Commette,

B

qui a paru ces iours pallez au ciel, elle
paruſt lors que Ieruſalem fut ruinee,
& elle paroiſt maintenant que Ieruſalem s'en va reſtablir : elle paruſt encores du temps de Neron, & elle paroiſt
encores maintenant, qu'vn autre pire
que Neron veut entrer en regne, qui
eſt l'Antechriſt.

Ie dis que Ieruſalem s'en va reſtablir,
parce que ie m'imagine & me perſuade
que voſtre Majeſté, SIRE, qui porte
ce beau tiltre de Louïs le Iuſte, ſe re-
ſoudra bien toſt par l'inſpiration du S.
Eſprit, d'aller au mont d'Oliuet, où
Ieſus-Chriſt a eſté crucifié, porter ſa
Royalle Couronne, & la mettre ſur
ſon chef, en le publiant & faiſant publier Roy de France & de Iudee, Monarque vniuerſel du ciel & de la terre,
& de là en Ieruſalem reſtablir ſon Eſ-
pouſe en ſon premier ſiege, & y tranſ-
ferer le S. Siege, qui eſt maintenant à

Rome, que l'Antechrist s'efforcera d'exterminer.

Car pour vous rendre iuste & consequemment digne d'vn si beau tiltre, il faut rendre & faire rendre à vn chacun ce qu'il luy appartient, & partant il vous faut quitter à Iesus-Christ, comme à luy appartenante legitimement la qualité de Roy Tres-Chrestien, puis que son iour approche, & qu'il veut entrer en son regne vniuersel, & vous restraindre à la qualité de grand Connestable en France, pour combattre souz sa banniere & souz son authorité cest Antechrist : & pour cela ie m'imagine que le S. Esprit a inspiré vostre Conseil de laisser ceste grande dignité vaquáte depuis la mort de feu Mõsieur le Connestable, & de n'y point pouruoir durát vostre minorité, afin de la vous laisser, pour vous en pouruoir vous mesme quand vous seriez en pleine majorité.

Ce n'est pas assez d'auoir deffendu les blasphemes & les dueils, bány les Iuifs, d'auoir reuoqué le droict annuel, & d'auoir fait canoniser S. Louïs à Rome, bié que ce soit beaucoup, pour combattre l'Antechrist, il en faut faire d'auantage, c'est vn grád & puissant ennemy, qui ne se peut vaincre que par des voyes extraordinaires, & moyés surnaturels, par ce qu'il agira luy-mesme par des voyes extraordinaires & moyens surnaturels, ses moyens seront illegitimes, & les vostres seront legitimes.

Vous auez bien commencé, mais il ne suffit pas, il faut continuer : en vain vous auriez vaincu son grand Mareschal des logis, qui vouloit marquer vostre Louure pour son logis, si vous ne l'exterminiez luy-mesme, qui s'y veut loger.

Quand Iudas Macabee voulut combattre ce grand & puissant Roy Antiochus, qui estoit la figure de l'Antechrist, il prit des voyes extraordinaires, & fut secondé par d'autres voyes surnaturelles, car Dieu luy enuoya des forces du ciel pour l'ayder à combatre, & vaincre son ennemy.

Lors que ce bon Roy Ezechias, Roy du peuple de Dieu le Pere, voulut cóbattre & vaincre ce grand Sennacherib, Roy des Assiriés, qui n'estoit pas moins meschant qu'Antiochus, il eust recours aux remedes extraordinaires, & fut secondé par les moyens surnaturels; car l'Ange (exterminateur du Seigneur) se trouua à la meslee, & en vne seule nuict deffit toute l'armee de Sennacherib, qui estoit composee de deux cents mil hommes, & fut estranglé par ses propres enfans.

Quand Gedeon voulut combattre les Madianites, il eust recours aux remedes extraordinaires, & moyens surnaturels. Entre dix mil hommes qu'il auoit dás son armee, il n'en choisit que trois cents pour le secóder, parce qu'ils auoient beu l'eau auec la main.

Quand Moyse voulut deliurer le peuple Iudaïque de la captiuité de ce grand Roy Pharaon, & de la seruitude d'Egypte, il eust recours aux remedes extraordinaires & à des moyens surnaturels, il establit premierement la loy contre la magie & la sorcellerie; & puis apres pour distinguer le peuple de Dieu le Pere d'auec celuy de Pharaon, il restablit la loy de la Circoncision, & se fit luy-mesme circoncir des premiers.

Quand Iudic entreprint de déliurer ceux de Bethulie de la tyrannie d'Holofernes, elle eust recours aux voyes extraordinaires & moyens surnaturels pour luy coupper la teste.

Quand Daniel voulut sauuer la vie à la chaste Susanne, accusée & conuain-

cuë d'impudicité par les deux vieillards
faux teſmoings , qui enragez de ce
qu'ils ne l'auoiét ſceu corrompre, comme ils auoient fait beaucoup d'autres
ieunes dames en Iſraël, il euſt recours
à des voyes extraordinaires, car il accu-
ſa publiquemét d'ignorance les Iuges
qui l'auoient iugée & condamnée à la
mort , & les deux teſmoings de fauſſe-
tez , & ſe conſtitua Iuge pour les con-
damner comme coulpables , & pour
declarer Suſanne innocente.

Lors que noſtre Sauueur & Redempteur Ieſus-Chriſt a voulu racheter
tout le monde, & deliurer toutes les
creatures de la captiuité de ce grand
Roy Pharaon, qui eſt le diable, prince
du monde, qui les tenoit en eſclauage
à cauſe du peché du premier homme,
il s'eſt ſeruy des remedes extraordinaires & moyens ſurnaturels , il eſtablit la
loy contre la magie, en diſant à l'hóme,

Vn seul Dieu tu adoreras, & pour distinguer les Chrestiens d'auec les Payens,
il establit la loy du Baptesme, & se fit
baptiser luy-mesme par S. Iean Baptiste
son Precurseur.

Quand ce grand Roy Clouis, premier Roy Tres-Chrestien, voulut ga-
gner la bataille contre son ennemy, il
se seruit des moyens extraordinaires
& surnaturels, il fit veu de se faire baptiser s'il gagnoit la bataille, comme sa
femme qui estoit Chrestienne l'auoit
asseuré: & de fait, apres qu'il eust gagné
la bataille, il se fit baptiser.

Quand Charles septiesme voulut
chasser les Anglois hors du Royaume
de France, qui s'en estoient emparez, il
se seruit des moyens extraordinaires &
surnaturels, il creut le cōseil d'vne simple fille, appellée la Pucelle d'Orleans,
& se seruit de ses armes, qui luy furent
fort fauorables, pour rentrer en la pos-

session de son Royaume, qu'il auoit
perdu.

Quand le feu Roy Henry le Grand
voftre pere(que Dieu abfolve) a voulu
viure en paix en son Royaume, reünir
en vn tous les cœurs de ses sujects diui-
sez, & se faire recognoistre Monarque
par tous ses ennemis, qui reuoquoient
en doute son droict à la Couronne, il
s'est aussi seruy des voyes extraordinaires,& moyens surnaturels : il quitta la
religion des pretendus reformez, en laquelle il auoit esté nourry toute sa vie,
pour se faire Catholique ; aussi tost il
fut recongnu, & iusques là il ne l'auoit
peu estre.

Aussi, SIRE,(sauf le meilleur aduis
de voftre bon & sage Confeil) est-il
necessaire que vous-vous seruiez des
voyes extraordinaires,& moyens surnaturels, pourueu qu'ils soient legitimes,& aprouuez de l'Eglise, maintenãt

qu'il s'agit de la conseruation & conqueste de tout le monde, que ce malheureux Antechrist vostre ennemy
mortel, veut exterminer. Ie dis vostre
ennemy, parce que sans doute il fera
tout son pouuoir de s'asseoir sur les
fleurs de Lys, & aussi afin de meriter
par vostre Majesté, que l'Ange du Seigneur, qui apporta la saincte Ampoule
du ciel, pour oindre & sacrer le Roy
Clouis premier Roy Tres-Chrestien,
vous apporte ceste belle Couronne de
l'vniuers, & vous publie luy-mesme
grand Connestable en France, souz le
regne de nostre Sauueur & Redempteur Iesus-Christ.

Ces moyens surnaturels, & voyes extraordinaires, legitimes, sont seló mon
petit iugement, de faire tout le cótraire
de l'Antechrist, contre son orgueil, soy
disant fils de Dieu, ennemy de Iesus-
Christ, & de son Eglise, qu'il veut per-

secuter : humiliez-vous deuant Dieu,
qui a reserué la fleur de Lys pour luy,
& consequemment pour Iesus-Christ
son Fils vnique, selon l'opinion du Prophete Esdras : laissez la qualité & le tit-
tre de Roy Tres-Chrestien à Iesus-
Christ, & vous declarez vous-mesme
grand Connestable en France, souz le
regne de nostre Saueur & Redempteur Iesus-Christ, Roy de France & de
Iudee, Monarque vniuersel du ciel &
de la terre, faites exactement & curieu-
sement obseruer ses commandemens.

Humiliez-vous aussi deuant l'Eglise
son Espouse, & au lieu que l'Antechrist estudie de la destruire en la mes-
prisant, conseruez-là en l'honnorant :
monstrez que vous n'entendez combatre que souz sa banniere, & auec ses
armes, qui sont les Exorcismes ; oppo-
sez-le aux armes de l'Antechrist, qui
sont les charmes, en vertu desquels il

possede tous les magiciens & les sorciers qui sont sur la terre, & les rend
ses esclaues, obtenez pour eux de nostre sainct Pere vn pardon general, à la
charge qu'ils se feront exorciser, afin
de les arracher des pattes de l'Antechrist. Faites deslier en l'Eglise, par les
Exorcismes, tout ce que ce malheureux
a fait iusques à present, & fera d'oresnauant lier par charmes, en la Sina-
gogue & aux sabbats des magiciens &
des sorciers.

Establissez, par l'inspiration du sainct
Esprit, comme fit Moyse par le com-
mandemét de Dieu le Pere, la loy contre la magie & la sorcellerie, & en suitte
restablissez l'ancien vsage de l'exorcisme pour distinguer le vray Chrestié d'a-
uec le faux Chrestien: car le vray Chrestien aura recours à l'Exorcisme quand
il se trouuera attaqué par la magie, au
lieu que le faux Chrestié continuera d'a-

uoir recours à la magie : ne negligez
pas de vous faire exorciser des premiers, contre les charmes de ce ce malheureux Antechrist, qui a charmé toute
la terre:c'est levray moyen de le vaincre
sans beaucoup de peine , & d'empes-
cher que ses charmes ne vous puissent
nuire: C'est aussi le moyen de deliurer
les Chrestiens des persecutions furieu-
ses & espouuantables,dont ils sont me-
nassez par les astres, & principalement
par ceste Commette qui paroist depuis
six sepmaines,laquelle sans parler nous
signifie qu'il est temps de prendre les
armes, qui sont les Exorcismes, pour
nous deffendre contre l'Antechrist ; &
que l'Eglise,qui les a tousiours & iusques icy tenus si fort renfermez dans
la necessité, pour les particuliers, les
communique d'oresnauant ordinairement & familierement à tous les Chrestiens qui en auront besoin,pour les di-

uertir d'aller au fecours de la magie, car ie crois qu'il eft téps que l'Eglife ouure fes trefors, puis que la finagogue ouure les fiés : & par la vertu des Exorcifmes, i'efpere que Dieu fera autant de mira cles pour la cóferuation de la foy, qu'il en a fait pour fon eftabliffement.

SIRE, i'aprehendois au commen cement de publier doucemét par efcrit auec ma plume, ce que i'auois furieu fement publié auec ma langue le der nier iour d'Auril de l'an 1611. c'eft à fça uoir, que l'Antechrift eft né, & que le monde finira le 21. iour de Mars de l'an 1651. s'il ne fait penitence, comme firent les Niniuites, par crainte que la fiéure chaude & maladie furieufe, qui auoit mis mon efprit à l'effort neuf iours durant, & à la gehenne fept ans durant, & qui foudainement l'auoient ietté dans la publicatió des chofes auf quelles il n'auoit iamais sógé, ne m'euft

boulverſé le iugement, & broüillé l'i-
magination.

Mais maintenant que toutes choſes
quadrent & ſe rencontrent aucunemét
conformes à ceſte publication, ie leue
le maſque à toute ſorte d'aprehenſiós,
& ayme mieux eſtre códamné de folie
par les ignorans,& par les meſchans,en
parlant, que de malice & d'ingratitude
par les bons & les ſçauans, en me tai-
ſant; pour le moins auray-ie ce conten-
tement d'auoir fait voir au public qu'il
me reſte encores aſſez d'eſprit pour me
conduire,& que dans mon malheur i'y
ay trouué du bon-heur,par la voye de
l'Exorciſme,qui m'a (grace à Dieu) depuis ce temps conſeruè contre les charmes de la magie,laquelle ſans difficulté
ſe deſtruira d'elle meſme,auſſi tóſt que
voſtre Majeſté aura eſtably la loy contre la magie, & que les Chreſtiens auront reprins l'ancien vſage de l'Exor-

cifme contre fes charmes & malefices;
au lieu que maintenant & depuis long
temps ils courent à bride abbatuë, vers
les miniftres de la magie, quand ils fe
trouuent liez (les Gráds aufli bien que
les petis :) Tout ainfi comme fi l'Eglife
n'auoit pas affez de puiffance pour les
deflier; ce qui monftre vne grande foi-
bleffe de foy, pour punition de laquelle
ie crois que Dieu a permis que les here-
fies fe foient coulees dans les efprits de
la plufpart des Chreftiens, qui charmez
par la magie, & obfedez par les démós,
qui fomentent la magie, fe font iettez
dans l'herefie, par faute d'auoir eu recours à l'Exorcifme, & à l'authorité de
l'Eglife.

L'embrazement de voftre Palais arriué le feptiefme de Mars de l'annee der-
niere 1618. n'eft pas la moindre circon-
ftáce qui me fait croire que l'Antechrift
eft né, & qu'il fe veut váger de la mort
de

de son grand Mareschal des logis, que
vous auez si iustement chastié , bien
qu'il y en ait plusieurs autres assez
puissantes pour me le faire croire.

Car il semble, que par cest embrazement, arriué le mesme iour, que celuy auquel les Iuifs demanderent des
signes à nostre Seigneur pour iustifier
qu'il estoit le vray Messie, Dieu ait voulu faire sçauoir à tous les hommes que
vous auez esté choisi par la diuine Majesté pour conseruer tout le monde, &
pour combattre cet Antechrist : & aussi
pour vous obliger vous-mesme, non
seulement de restablir ce sacré temple
de la Iustice, dans lequel il n'y auoit
plus de place pour vous loger auec les
autres Roys, mais aussi de restablir la
Iustice en sa premiere dignité, & vous
signifier quant & quant qu'à faute
de ce faire, cet élement (qui n'a point
eu la hardiesse de toucher à la Cham-

C

bre doree, où eſt aſſis le lict de voſtre
Iuſtice) faſſe bien toſt ſon office, comme deſtiné pour embrazer vn iour
tout le monde: Car il eſt bien certain
que le móde ne ſçauroit ſubſiſter ſans
Iuſtice, ny voſtre Monarchie ſe maintenir plus auant, ſi en reſtabliſſant le
Palais où s'exerce la Iuſtice, vous ne
reſtabliſſez la Iuſtice en ſon ancienne
& premiere ſplendeur.

Et pour remettre la Iuſtice en ſon
ancienne & premiere ſplendeur, il faut
eſtablir la loy contre la magie & la
ſorcellerie, reſtablir l'vſage de l'Exorciſme, & faire curieuſemét & ſoigneu-
ſement obſeruer les commandemens
de Ieſus-Chriſt : car c'eſt à Dieu premierement que vous deuez rendre la
iuſtice contre les magiciens & ſorciers
ſes ennemis mortels, qui manqueront
de ſe reuoquer & ſe recognoiſtre, apres
le pardó que vous aurez obtenu pout

eux de noſtre S. Pere; parce que dans leurs Sabaths, où ils adorent vn autre Dieu que luy, ils luy font tant d'indignitez, que les diables meſmes en ont horreur, comme ils ont conféſſé lors que l'on faiſoit le procez en l'Egliſe au démon de Gaufredy, & que l'on exorciſoit la pauure creature, qui eſtoit poſſedee en vertu de ſes charmes: Ce Gaufredy, qui fut déſcouuert & exterminé par la ſeule voye de l'Exorciſme, fut ſi enragé de dire auant ſa mort, que tout ſon regret de mourir eſtoit, pource qu'il n'auoit pas veu le regne de l'Antechriſt, qu'il auoit tant deſiré.

Les autres circonſtances qui me font craindre que l'Antechriſt ne ſoit né, ſont premierement l'execrable parricide cómis en la perſonne du feu Roy Henry le Grand voſtre pere (que Dieu abſolve) dans la ville capitale de ſa Monarchie, car il ſemble que la magie l'ait

C ij

faict ainſi mourir, croyant que facilement elle feroit aſſeoir l'Antechriſt
ſur les fleurs de Lys, par le moyen de
ſon grand Mareſchal des logis : L'apparition de ceſte Comette, laquelle a-
uec les Aſtres ne nous menaſſent point
de peu de choſes, ſelon le dire des Ma-
thematiciens, le peu de foy & de charité qu'il y a maintenant au monde, &
entre les hommes, les iniuſtices qui s'y
exercent, le peu de pieté, & le peu de fidelité qui s'y rencontre, la grande vo-
gue que le trop grand luxe, l'ambition
deſreglee, l'auarice & la volupté ſe ſont
acquis parmy les hommes, l'eſleuation
du vice, & le rauallement de la vertu, la
diuerſité des religions, l'impunité des
crimes, la reuolte des Royaumes contre les autres Royaumes, des nations
contre les nations, les guerres & bruits
de guerre, le trop frequent exercice de
magie , les querelles irreconciliables

qu'il y a maintenant entre les femmes
& leurs marys, entre les pere & mere &
leurs enfans, entre les freres & sœurs
& les freres & sœurs, l'accomplissemét
du cours du grand Zodiaque, qui va
nous signifiant que toutes choses s'en
vont retourner à leur premier princi-
pe, c'est à dire à leur premier neant, le
desbordement ordinaire des riuieres,
les frequents tremblements de terre
que nous voyons, les signes qui pa-
roissent si souuent au Ciel, au Soleil, en
la Lune, & aux Estoilles, l'accablement
& inondation des villes & villages, qui
sont arriuez en ladicte annee mil six
cents dix-huict, & és annees preceden-
tes, depuis que l'on dict que l'Antechrist est né au mois de Mars de l'an
mil six cents & vnze, la corruption de
l'air qui paroist depuis ledit temps, en
la pestilence qui a puissamment regné
en plusieurs endroits, le desreglement

de la mer, qui a eu son flux & reflux
trois & quatre fois en vn mesme iour,
la sterilité des fontaines, l'infertilité de
la terre, les grandes ruines que le feu
cause tous les iours en plusieurs endroits, la desobeïssance enuers les Ma-
gistrats & superieurs, qui n'est pas vn
petit crime, l'apparition des esprits &
des fantosmes, qui semblent se vouloir
desia familiariser & habituer auec les
creatures, l'humilité du grád seigneur
de Turquie enuers Iesus-Christ, par le
consentement qu'il a donné aux Chrestiens de visiter le sainct Sepulchre sans
payer tribut : Car toutes ces choses
sont signifiantes la fin du monde, &
aduenemét de l'Antechrist, selon qu'il
est amplement rapporté en l'Escriture
saincte, en S. Iean, en S. Mathieu, en
Daniel, & en plusieurs autres endroits.

Ceux qui en voudront auoir de plus
grandes preuues, qu'ils considerent

seulemét comme l'on vit auiourd'huy
dans le monde,& eux-mesmes,ils iu-
geront qu'il est temps que Dieu fasse
voir qu'il est aussi iuste qu'il est miseri-
cordieux:s'ils ne se contentent,qu'ils
lisent le liure du deffunct pere Michaë-
lis,qui estoir aussi sçauant qu'homme
de bien,affectionné à la gloire de Dieu,
ils trouuerót que les diables mesmes,
pressez par l'authorité de l'Eglise de dire la verité à la suitte des Exorcismes,
ont confessé que l'Antechrist est né,&
& que le iour du Seigneur approche:
& qui plus est,ils l'ont publiquement
annoncé,afin d'auoir moyen de repro-
cher vn iour aux hommes qu'ils les
ont aduertis de leur salut, & qu'ils
n'en ont tenu compte,non-plus que
de la fin du monde,& qu'ils s'en sont
mocquez, disant que les diables sont
menteurs,comme il est bien vray qu'ils
sont menteurs,qui seroit veritablémét

vne assez bonne replique, s'il n'y auoit
que les diables qui nous eussent annoncé la fin du monde, & la naissance
de l'Antechrist : Mais ils n'ont pas esté
les premiers qui nous l'ont annoncé,
les Ministres de l'Eglise ne s'y sont pas
oubliez, Pannigarolle, & le sieur de
Perrieres-Verrin, tous deux Docteurs
en Theologie, l'ont publié par leurs
escripts auant que les diables y eussent
songé : & si cela n'eust esté, & que d'ailleurs les diables n'eussent esté con-
traints d'en dire & publier la verité, ils
se fussent bien donnez de garde d'en
parler, ils ne sont pas si curieux du salut des hommes, pour les aduertir de
leur propre mouuement de la fin du
monde, afin de les obliger à la penitéce. Pour moindre occasion le Roy
Louis le Debonnaire, fils de Charle-
magne, fit assembler quatre Conciles
en l'an 828. soubs l'authorité du Pape

Gregoire XIIII. les diables par la bou-
che d'vne pauure creature poffedee en
la ville d'Aix en Allemagne que l'on
exorcifoit, conffefferent que par la per-
miffion de Dieu ils auoient fort affligé
la France, parce que la Iuftice n'y eftoit
pas adminiftree felon fes regles, & que
les vices n'y eftoient pas punis, & qu'il
faloit faire penitence.

SIRE, quand ie confidere que la
loy de nature n'a duré que feize cents
cinquante ans parfaicts & accomplis,
& que le deluge eft arriué le 21. iour de
Mars de l'an 1651. que la loy Mofaï-
que (que nous appellons la loy efcrite)
n'a point duré dauantage : Ie ne puis
m'imaginer que la loy de grace paffe
plus auant : au contraire, i'apprehende
que le monde ne finiffe le 21. iour de
Mars de l'an 1651. Car puis que le premier deluge eft arriué feize cents cinquante ans apres la creation du pre-

mier homme, qui nous auoit tous
damnez, il eſt vray-ſemblable que le
ſecond & dernier deluge viendra ſeize
cents cinquante ans apres l'incarna-
tion du Roy des hommes, qui nous a
tous racheptez, ſi ce n'eſt que le iour
du Seigneur dure mil ans apres l'eſta-
bliſſemét du regne vniuerſel de Ieſus-
Chriſt, ce que ie ne crois pas, bien que
le Ciceron des Chreſtiens, Lactance,
l'ait creu, parce que l'Egliſe n'a point
approuué ſon opinion en ce poinct là:
les mil ans du regne de Ieſus-Chriſt,
dont il eſt parlé en l'Apocalipſe de
S. Iean l'Euangeliſte, & ſur quoy Lactance s'eſt fondé, ſont paſſez il y a ſix
cents tant d'ans, car ils ont commencé
dés ſa naiſſance, & le diable qui auoit
eſté enchaiſné pour mil ans, a eſté deſ-
lié auſſi toſt que les mil ans ont eſté accomplis, & ne doibt eſtre relié que ſur
la fin du monde: Et c'eſt à quoy ie

vous veux perſuader de trauailler,
SIRE, parce qu'il eſt dict en l'Apocalipſe que s'il n'eſtoit relié, à grand peine
les eſleus pourroient-ils eſtre ſauuez, à
cauſe des grandes tribulations & per-
ſecutions qu'il faudra ſouffrir durant
le regne de ce malheureux Antechriſt.

Ores il ne peut eſtre relié que par
les frequentes exorciſmes, & par l'authorité de l'Egliſe, & par l'eſtabliſſe-
ment de la loy vniuerſelle contre la
magie & la ſorcellerie : Voila pourquoy, puis que le monde approche ſi
fort de ſa fin, il eſt temps d'y trauailler,
& de reſtablir l'ancien vſage de l'Exorciſme, par lequel il fut lié pour mil ans
par noſtre Sauueur & Redempteur
Ieſus-Chriſt, auec lequel nous contra-
cterons alliance par les exorciſmes, &
renoncerós à toutes les pactions que
les magiciens & les ſorciers ont accou-
ſtumé de faire auec le diable par les

charmes, & si nous emprunterons les
armes & la puissance de l'Eglise, égallo
à celle de Iesus - Christ son Espoux,
pour nous maintenir contre le diable,
& nous deliurer de toutes les tribulations & persecutions dont les Astres &
la Comette menassent les creatures,
que cest Antechrist leur fera souffrir
par ses charmes & malefices, s'ils n'y
remedient par l'Exorcisme.

Ceux qui ne portent pas leurs pen-
sees, & ne releuét pas leurs esprits par-
dessus les conceptions communes &
ordinaires, trouueront estrange l'aduis que ie donne à vostre Majesté pour
ses estrennes, à ce premier iour de l'an
mil six cens dix-neuf, de quitter à nô-
tre Sauueur & Redempteur Iesus-
Christ, par humilité & par droict de
iustice, la qualité de Roy Tres-Chrestié
pour les siennes, & de vous contenter
d'oresnauant de la qualité de grand

Connestable en France, sous le regne
de Iesus-Christ Roy de France & de
Iudee, Monarque vniuersel du ciel &
de la terre, afin que pour recompense
de vostre humilité en son endroit, il
vous dône la force & la puissance d'exterminer l'Antechrist, qui est son ennemy & le vostre, & de vous rendre
Monarque vniuersel de tout le monde
soubs son authorité.

Mais les autres, qui seront illuminez
de la grace de Dieu, & assistance du S.
Esprit, n'improuuerôt pas mon aduis,
au contraire ils le seconderont, & vous
conseilleront de le suiure, principalement quâd ils verront vn pareil aduis,
qui se trouue dans S. Augustin, au trai-
té de l'Antechrist, bien qu'il soit iugé
par plusieurs n'estre pas de luy, mais
d'vn autre moins sçauant que luy : &
que d'ailleurs, ils consideretont le mi-
stere caché soubs ceste remarque, que

depuis Clouis, premier Roy Tres-
Chreſtien,& premier Roy ſanctifié en
France,iuſques à Charles le Magne ſecond Roy auſſi ſanctifié en France, il
n'y a eu que vingt Roys qui ont regné:
& depuis Charles le Magne iuſques à
S. Louis, troiſieſme Roy ſanctifié en
France, il n'y a pareillement eu que
vingt Roys qui ont regné en France:
& depuis S. Louis iuſques à vous, Sire,
qui aurez cet honneur de combattre
& de vaincre l'Antechriſt, s'il eſt vray
qu'il ſoit né,comme il y a grande ap-
parence,& d'eſtablir le Royaume vniuerſel de Ieſus-Chriſt ſur toute la terre,il n'y a pareillement eu que vingt
Roys qui ont regné en France.

Car voſtre Majeſté ayant à combattre ce malheureux Antechriſt, il faut
qu'elle s'ayde des armes d'humilité,&
contre ſon orgueil extraordinaire, ſe
diſant fils de Dieu au lieu de Ieſus-

Chrift, qu'elle se serue d'vne humilité extraordinaire, & contre ses charmes de l'Exorcisme.

Ores ie m'imagine que vous ne sçauriez plus profondement vous humilier deuant Dieu, que de quitter volontairement à Iesus-Chrift son fils vnique, la qualité de Roy Tres-Chreftien, & vous rendre simplement son grand Conneftable en France : car en vous humiliant, vous-vous exalterez quant & quant, & vous rendrez Monarque vniuersel de tout le monde soubs son authorité.

Apres Iesus-Chrift (qui eut à combattre & vaincre par son humilité le Prince du monde, qui se vouloit égaler à Dieu, & s'asseoir sur le throsne du Tres-hault) nul homme n'a iamais eu vn tel combat que vous auez à faire maintenant contre l'Antechrift, que ce Prince du monde Lucifer, veut ren-

dre Monarque de tout le monde, au desaduantage de Iesus-Christ: Voila pourquoy vous deuez imiter le plus qu'il vous sera possible Iesus-Christ, puis qu'il s'agist de la conseruation & de la conqueste du monde, de la qualité du fils de Dieu, & de la Monarchie vniuerselle de tout le monde: Iesus-Christ estoit Dieu, & il s'est faict homme par humilité pour rachepter tout le monde: Il estoit bien & superbemét logé au Ciel, & il s'est venu loger dans vne estable en terre: Il estoit le fils du Roy des Roys, & neantmoins il a voulu estre traicté comme fils d'vn simple charpentier, & viure comme le plus simple homme du monde : & apres cela, les sages trouueront estrange l'aduis que ie donne à vostre Majesté, de quitter (en vous humiliant) la qualité de Roy Tres-Chrestien à Iesus-Christ, pour vous rendre son grand Connestable

ſtable : Ie ne le crois pas, principalement quand ils conſidereront que le
Roy Louis le Debonnaire quitta par
humilité au Pape, le droiĉt qui luy ap-
partenoit de nommer des Papes.

Dieu le Pere ſe courrouça contre le
peuple Iudaïque, quád il vit qu'il vouloit auoir vn autre Roy que luy pour
le gouuerner : Il s'en plaignit à Samuel
le Prophete, que le peuple auoit im-
portuné pour luy donner vn Roy.
Mais quád il verra le Roy Tres-Chre-
ſtien & tout ſon peuple, prendre voló-
tairement Ieſus-Chriſt ſon fils vnique
pour ſon Roy, il s'en reſiouyra de telle
ſorte, qu'il vous comblera de benedi-
ĉtions, & tout voſtre peuple, qu'il eſle-
uera par-deſſus toutes les nations du
monde. Ieſus-Chriſt a reparé la faute
d'Adam noſtre premier pere par ſon
humilité & par ſa charité enuers Dieu
ſon Pere ; & vous, SIRE, vous reparé-

D

rez, par voftre humilité & par voftre iuftice enuers Iefus Chrift, la faute que Cæfar & tout fon peuple ont faict en fon endroit par vne grande iniuftice, quand ils ont refufé de le recognoi-ftre pour le Roy de Iudee, & au con-traire, l'ont crucifié en Ierufalem.

N'en negligez pas l'aduis, S I R E, s'il vous plaift, afin que le fainct Efprit qui vous côduit, n'aille point ailleurs pour choifir vn autre grand Conneftable que vous pour Iefus-Chrift, ny vne autre que la France fa fille aifnee, pour la rendre la Royne de tout le monde, foubs le regne de noftre Sauueur & Redempteur Iefus-Chrift.

Car pour ne vous point flatter, voftre Monarchie a maintenant attaint l'aage de douze cents ans, qui eft vn ancien aage par-deffus lequel l'Empire Ro-main n'a fceu paffer, ny toutes les au-tres Monarchies qui l'ont precedé: Il semble par là que le terme des Monarchies ait esté limité à douze cens ans.

Vn ancien preueut que celle des Romains ne dureroit que douze cents ans, par le vol des douze Vautours qui parurent sur Rome lors qu'elle fut bastie, signifiant chaque Vautour vn siecle de centaine d'annees.

Là dessus, l'on pourroit dire que la duree de la Monarchie Françoise a esté preueuë par le Roy Louis le Ieune, lors qu'il a faict l'establissement des douze Ducs & Pairs de France; & s'il faut ainsi dire, limitee à douze cés ans, signifiant chaque Pair de France vn siecle de centaine d'annees.

Mais ç'est tout au contraire, cest establissement signifie que la Monarchie Françoise durera eternellement, & iusqu'à la consommation du móde, parce qu'il est conforme à l'establissement que Iesus-Christ fit de sa Mo-

D ij

narchie spirituelle, choisissant douze
Apostres, qui estoient égaux entr'eux
& non pas auec luy, comme les douze
Ducs & Pairs de France, instituez par
Louis le Ieune, estoient égaux entre
eux, & non pas auec luy : & il semble
que cet establissement faict par Louis
le Ieune, ait esté faict par l'inspiration
du S. Esprit, comme vn preparatif à
l'establissement du regne de Iesus-
Christ en France : Car ce rapport des
douze Apostres, que Iesus - Christ a
estably luy-mesme dans sa Monarchie
spirituelle, auec celuy des douze Ducs
& Pairs de France estably en sa Monar-
narchie temporelle, qui est la France,
par l'inspiration du S. Esprit, signifie
que la prophetie d'Esdras est veritable,
& que Dieu a reserué les fleurs de Lys
pour luy ; comme il a bien-tesmoigné
luy-mesme, quand il a donné le pouuoir aux Roys Tres-Crestiens, de gua-

rir miraculeufement de la maladie des
efcroüelles par leur feul attouchemét,
& que toft ou tard il faut que la France
reçoiue le regne de Iefus-Chrift, qui
durera eternellement, & iufques à la
côfommation du monde : Car qui fe-
roient ceux qui fe pourroient perfua-
der de pouuoir diffiper, defchirer, ou
defmembrer le Royaume de Iefus-
Chrift, & d'en empefcher l'eftabliffement?

Voila pourquoy, SIRE, pour def-
tromper tous les fuppofts de l'Antechrift, qui fe perfuadent follement de
partager entr'eux la Monarchie vni-
uerfelle de tout le monde, & d'en iouïr
foubs fon regne & foubs fon authorité : quittez de bonne heure à Iefus-
Chrift volontairement la Monarchie
Tres-Chreftienne, & vous contentez
de la qualité de grand Conneftable en
France foubs fon regne, fans attendre

C iij

que ce miserable Antechrist, & ses malheureux ministres, vous reduisent, ou
vos successeurs, à faire par force en téps
d'aduersité, ce que vous aurez negligé
ou mesprisé de faire en temps de pro-
sperité, suiuant l'aduis qui vous en est
donné par le moindre (en authorité &
non pas en fidelité) de tous vos Officiers qui soient en France, & qui de sa
fidelité n'en peut donner autre meil-
leure preuue, que celle qui resulte de la
hardiesse qu'il prend, sous vostre bon
plaisir, de dire franchement la verité de
ce qu'il croit & de ce qu'il sçait.

Vous auez vn bon Cóseil, composé
des plus gráds personnages du móde,
autant zelez à la gloire de Dieu que
l'on sçauroit souhaitter, & principalement du plus grand Chancelier qui ait
iamais esté en France, Monseigneur le
Chancelier de Sillery, lequel i'honore
d'autant plus, que ie sçay certainement

que iamais ce grand Mareschal des logis & l'Antechrist n'a sceu le corrompre ny le ranger à ses desseins: Cela me faict esperer, auec la saincte & innocente vie que vous menez, & le tiltre de Louis le Iuste que vous portez, que vous serez aussi pieux que Clouis, premier Roy Tres-Chrestien sanctifié, aussi courageux que Charles le Magne, second Roy sanctifié, & aussi heureux que S. Louis, troisiesme Roy sanctifié; & que par vous seul, la Saincte Trinité va faire plus de merueilles, qu'elle n'a faict par ces trois Roys vos predecesseurs: Dieu vous en face la grace, & à moy qu'il luy plaise pareillement me donner la grace de m'humilier deuant sa diuine Majesté & mes superieurs, auec le pouuoir de seruir à vostre Majesté & au public aussi fidellement & vtile-

ment comme ie le defire. Car puis
qu'Aman a payé pour Mardochee, &
que le fort de Iofué a eu la force & le
pouuoir de faire chaftier le defloyal
Acham, felon fes demerites, il me doibt
fuffire.

Reftant,

SIRE,

Voftre tres-humble, & tres-fidel
fubject & Officier.

IEAN DE CHIREMONT,
le Normant, Lieutenant Af-
feffeur Criminel de voftre
Palais à Paris.

www.ingramcontent.com/pod-product-compliance
Lightning Source LLC
LaVergne TN
LVHW022155080426
835511LV00008B/1407